lyrik
leiselaut

Hanne Strack

Dorante Edition

lyrik
leiselaut

Hanne Strack

Bibliografische Information durch die Deutsche Nationalbibliothek: Die Deutsche Nationalbibliothek verzeichnet diese Publikation in der Deutschen Nationalbibliografie; detaillierte bibliografische
Daten sind im Internet über http://dnb.d-nb.de abrufbar.

Herausgegeben durch das Literaturpodium, Dorante Edition
Berlin 2018, www.literaturpodium.de
ISBN 9783746092362

Foto auf der Vorderseite: Hanne Strack

Verlag und Herstellung: BoD – Books on Demand, Norderstedt

nur wenn ich warten kann

_____

nur wenn ich warten kann

bilden sich Gedanken zu Worten
aus Buchstaben
in und übereinander
kreuz und quer purzelnd

nur wenn ich warten kann
entsteht aus Ideentropfen
Sprache

nur wenn ich warten kann
finde ich Verstehen
im Gegenüber

nur wenn ich warten kann

im Packeis der Worte

breche ich ein
vom Strudel der Gedanken überspült
dunkle Wasser umfangen mich
in den Tiefen der Satzferne

Reime lösen sich auf
wie ein Schwarm kleiner bunter Fische
werden zu Metaphern
aus Kraken und Quallen

am Meeresboden angekommen
bin ich
sprachenlos

es gibt Dinge im Leben

die ziehen einem
so sehr
das Herz zusammen
dass man sich fragt
wie es überhaupt
noch schlagen kann
und dem Hirn
erlaubt
Worte dafür
zu finden

monatelang

verschlossen
das Schatzkästlein
der Worte

doch dann
plötzlich
wie von unsichtbarer Hand
öffnet es sich
gibt sie frei
die herausschlüpfenden
Worte

Federn gleich
fliegen sie
in die Wolken
der Gedankenwelten

fügen sich zusammen
nehmen Farbe an
in einem Gemälde
aus Sprache

Wees

wenn der Wind durch den Weizen weht

denke ich an
Bett im Kornfeld
Brot für die Welt
die Kornkammer Ukraine

wenn ich für nur
eine Sekunde
den Gedankenwirbel
anhalte

sehe ich die vielen Grüntöne
der feingliedrigen Halme

wenn der Wind durch den Weizen weht

worteüberfluss

überflussworte
flussüberworte
worteflussunter

Rettungsringe
in unserer Bilderflut

keineswegs
überflüssig

Wolken
erzählen Geschichten

Wind und Wasserdampf
blättern abertausend Variationen

sprachlos
tonlos
bildgewaltig

Autor bist du

Freiheit XYZ

mache mir keinen Kopp
über Jambus und Daktylus
Reimwörter und Versmaß
gehen mir am anderen Ende grad dran vorbei

lass die Wörter aus der Feder fließen
mit der weiblichen Kadenz
pfeif`ich auf die männliche Dekadenz

zu ABBA summe ich Waterloo
und erwäge XYZ
oder auch ZXY

während meine Deutschlehrerin ehemals
in Kleistschen Sphären verschwimmt
tunke ich Jan Wagners Teebeutel in die Tasse

und freue mich an der Freiheit
oder freie mich an der Freuheut
nichts mehr müssen zu müssen

XYZ

heute mache ich mich auf den Weg

_____

heute

mache ich mich auf den Weg
biete der Wetterwendigkeit die Stirn
schnüre die Wanderschuhe
packe meine Träume in den Rucksack
und lasse sie von den Berggipfeln in die Wolken fliegen

heute
pfeif` ich auf`s Alter
strecke dem linken Kniegelenk die Zunge raus
bin Lerche und früher Wurm zugleich

wer weiß woher der Wind morgen weht

einfach nur sein

im Gestrüpp des Alltags
eine Mulde finden
Moos gebettet
im so Sein

Rastlosigkeit
los lassen
und dann
gelassen

einfach nur so

im
Heute
verweilen
nicht verharren
nicht klammern
an vergangenes Gepäck

sich niederlassen
mit offenem Blick

bereit sein

Schmetterlings-Auszeit

sitze
vor dem Sommerflieder
warte
auf Pfauenaugen

derweil
baden die Meisen
huscht das Eichhörnchen vorbei
gruschpelt der Igel durchs Gebüsch
hämmert der Specht am Kugelahorn
schaut Nachbars Katze um die Ecke

Wartezeit ist Lebenszeit
Glücksminuten
ohne und mit Pfauenaugen

bis ans Ende aller Tage

jeder Tag
ist ein Tag
ist ein Tag

und jede Nacht
eine Nacht
eine Nacht

erst nach tausenden von Tagen
und unzähligen Nächten
erkenne ich
in dem Tag-Nacht-Brei
jeden Tag
als besonderen Tag
jede Nacht
als besondere Nacht

spät
nicht zu spät

bis ans Ende aller Tage

das Alter frisst vom Teig

kleinere Brötchen

das Alter
frisst vom Teig
während die Tage kürzer
und die Nacht lang wird

geknetet
geformt
gebacken
teils bis zur Unkenntlichkeit
in der Hitze der Gefechte

wie lange noch

von ganz oben

manchmal denke ich
der Abflug vom Gipfel
müsst` besser sein

als im rutschigen Abstieg
von Steinschlägen getroffen
den Unbill des Wetters ausgeliefert
über spitzen Fels
mit abgestorbenen Zehen
das neblige Tal zu erreichen

dem Ende eine Unze Zeit abgejagt

manchmal denke ich so
allein die Flügel fehlen
so bleibt nur das mühsame Abwärts
auf ungewissem Pfad

sechzig

zufrieden mit dem Leben
Gelassenheit gelernt
Geduld gefunden

nur eins wünsche ich mir
jetzt sofort

bitte alles in
Zeitlupe

erst wenn das Seil reißt

das Leben
so fragil
wie der Tanz auf dem Seil

während ich
mit fetten Siebenmeilenstiefeln
durch den Matsch stapfe
das letzte Abenteuer
in weiter Ferne

erst wenn das Seil reißt
wechsle ich die Schuhe

immer oder endlich

wäre so gerne
ein ewig leuchtender
Dauerbrennerstern
immerdar

bin aber nur
eine Sekunde aufblitzende
Sternschnuppe
immerhin

pling

Alter
komm nur

ein Schlachtruf
zu unausweichlichem K(r)ampf
oder
das leise Pfeifen allein im Wald
voller Bäume einer jungen Welt?

egal
komm nur

Sonnenstrahlen durch Kirschbaumblätter

im Schatten
unter dem Kirschbaum
über die Auch-Dinge-des-Lebens
gesprochen

Krankheit
Altwerden
Sterben

die schmerzliche Erkenntnis
das ganze Leben
ein immerwährendes
Loslassenmüssen

der Weg
der kleinen Schritte
hilft vielleicht

Sonnenstrahlen
durch Kirschbaumblätter

jeder ist beides

Puzzle Mensch

jeder ist beides
und noch viel mehr
vielfädrig
rund ver-eckt
in spontaner Planmäßigkeit
Fisch Vogel Reh Wurm
A und 4 zerfließend
im Rot
des Blaugrün

Puzzle Mensch

ich bin nicht allein

mit der Vorstellung
dass A rot ist
und E blau
dass 11 zwei weiße Flamingos sind
und U sich dunkelbraun anhört

es gibt ein Wort dafür

Synästhetikerin

irgendwie

Synästhetiker aller Länder
vereinigt euch
lasst die Buchstaben tanzen
eingehüllt in farbige Klänge

während die 4
arrogant daherstolziert
und dem roten A
auf den Leim geht

lasst euch nicht abbringen vom blauen E
und dem Duft von Jasmin
bei Mozarts Nachtmusik

alles ist verbunden

irgendwie

mal leicht

mal schwer
mal oben
mal unten
ganz ich
manchmal mittendrin

Platzanweiserin

im falschen Film
plötzlich
mir selbst
so fremd

verzerrte Gedanken
ungewöhnlich
wie im Traum
in versetzter Zeit
im verdrehten Raum

zerfrisst
ein Krebs
mein Hirn
reißt mir
ein Strom
die Füße
Richtung Himmel
oder
erzittert mich
ein Beben der Erde
tiefe Furchen
in vertrocknetem Boden
hinterlassend
die Trümmer
ordentlich gestapelt
in surrealer Weise

nichts mehr
wie es wa(h)r
Angst machende
Veränderung

im falschen Film
die Beleuchtung
am Schild Ausgang
ausgefallen

gibt es heutzutage
überhaupt noch
eine Platzanweiserin?

auch ohne mich

unfassbar
das Spiel der Wolken im Wind
das Kommen und Gehen der Wellen
der Geruch des Meeres
der Tanz der Dünengräser nach einer fernen Melodie
unfassbar

auch ohne mich

vor lauter Sprudeln

es ist so viel in mir
zum Heraussprudeln
dass es vor lauter Sprudeln
                    Wellen schlägt
die mir Augen Ohren Kopf
zusprudeln
und mich in meinem Wasser
am Ende
ertrinken lassen

Bauchschmerzen

Umzug
Examensarbeit
Liebeskummer
kalte Füße – Stricksocken
Nudelsalat
einmal Mutter immer Mutter

sei du selbst

eingekreist
umkreist
im Kreis der Familie
Kreisverband
Gedankenkreisel

mit dir selbst im Kreis stehen
während der Wind
die bunten Blätter
um dich wirbelt
und die Kastanien
vom Himmel fallen
braun poliert
und – stachelig

sicher sein
mit dir selbst
in deinem eigenen Kreis
aus
warmen
Herbst – Tönen

Herzklopfen

herzlichst
Herzenssache
auf Herz und Nieren
ein Herz für ...
mit Herz und Verstand
herzlos
herzliche Grüße

ständig selbstverständlich
in Mund und Brust

erst
wenn es aus dem Takt gerät
machst du dir
nen Kopp drum

wieder mal Wecker

der Konstantin
lässt es nicht genug sein
gottseidank

Worte und Töne
wahnsinnig treffend
verdrehte Welt aufgewirbelt

kein Wohlfühlabend im Altenheim

mittendrin
zwischen lachen und weinen
beklatsche ich
im Schlussapplaus
mein kleines
verschütt` geglaubtes
wiederbelebtes
Revoluzzerherz

wieder und wieder

nach langer Wanderung angekommen

Heimat pur

verschwitzt verdreckt
nach langer Wanderung angekommen

die alten Türme
hoch über der Stadt
der Blick zum Dom
die Lahn – so fett

Heimat pur
dachte ich

am Bleistift
den ersten Kuss im Kopf
Schulschwänzen
in der Alten Münz

Heimat pur
dachte ich

der Bismarckturm
Wacht über die Gräber der Eltern
das war schon nah dran

aber erst
abgeholt an der Hausstädter Mühle
unterm Apfelbaum bei besten Freunden
Eierlikörkuchen Hausschlappen Bademantel
ein frisch bezogenes Bett unterm Dach
vor Augen

als wir babbelnd und lachend
am Küchentisch
den Abend über Gestern und Heute verbrachten
da wusste ich es

Heimat pur

Vater

möchte dich so gerne
fragen
nach deinem Leben
der Zeit im Krieg
und der danach

zu spät
die Antworten mit dir
gegangen

warum nur
habe ich sie nicht früher gestellt

warum nur
nicht hingehört
als du versucht hast
sie ungestellt zu beantworten

Klassentreffen

Jahre später
hinter Kaffee und Kuchen
vordergründig Worte gewechselt
hinter redlich erworbenen Falten
frühere Mimik entdeckt
das Alter am Haar zu erkennen
verhindert die Farbe

Gezwitscher
Gekicher
Sprudeln
Tristesse
bei den Weißt-du-noch-Sätzen
die unüberbrückbare Zeit gespürt

von 13 noch 11 geblieben
jede Einzelne ein Schloss
voller Ungereimtheiten
zu groß zu verschlossen
zum Erkunden
an diesem Nachmittag
der in den Abend übergeht

für eine Freundin

bin so froh
dass du wieder froh bist
wieder lachst
wieder lebst

auf der Wanderung nach einem Tal
schnaufst du noch am Berg
aber irgendwann hast du den Gipfel erreicht
und er wird dir nicht nur Luft und Ruhe geben

sondern vor allem eins
Weit – Blick

wenn man Liebe messen könnte

dann würde ich ein Maßband legen an

Karl und Lisa und Karl und Lisa
und Karl und Lisa und Karl und Lisa ...
bis unendlich

wenn man Liebe messen könnte

Muschelliebe

gestrandet
versandet
gefunden
verbunden
gerettet
gebettet
verkettet

wie auch immer

zweisam
gemeinsam
nicht alleine bei Flut

sag keiner
wir hätten`s nicht gewusst

_____

katwarn *

sag keiner
wir hätten`s nicht gewusst
wie aus Sprüchen Taten werden
jede Wirtshausprügelei ist die Blaupause

sag keiner
wir hätten`s nicht gesehen
vernetzt mit der ganzen Welt
die Fernsehbilder ständig vor Augen

sagt alle mal
sind wir noch zu retten
in unserer eigenen Wort- und Tatenlosigkeit

katwarn

*Katastrophenwarn-App

tagesschau

schautag
tschau
scht
usa
autsch
es
tau
sau
gau
stau
sags
manchmal möchte ich
laut schreiend auf die Straße rennen

Anschlag

auf mich
all täglich
fett und
schräg und
klein gedruckt
morgens zu lesen
um vor der Fülle in Resignation
zu versinken
abends zu lesen
um die Tiefschlafphase
knallbunt zu gestalten

Anschlag auf das Leben
das unter den
aufgeblätterten Zentnerlasten
zu ersticken
d r o h t

Gebet einer Gottlosen

lieber Gott
lass mich wieder
         Tage und Nächte erleben
die ausgefüllt sind
mit meinen
eigenen Sorgen

hilf mir
aus dem Spinnennetz des Weltenkummers
heraus
trenne meine Fäden ab

oder werden sie
zerreißen dabei
lieber Gott

man erschlägt mich

mit Nachrichten
aus Syrien
Afghanistan
und dem Jemen

möchte entfliehen
die Ohren zuhalten
die Augen verschließen
um zu überleben

wie muss es erst den Menschen gehen
die die Nachricht selbst sind

nach 426 Jahren

sollte ich
nach 426 Jahren
wiedergeboren werden

so
werde ich
die Welt
nicht wiedererkennen
und auch mich nicht

manchmal
geht es mir heute schon so

Schwamm drüber
oder erschlagende Ewigkeit

damals
Fehler auf einer Tafel
weggewischt
neuer Versuch

heute
gnadenloses Überleben
in unbarmherzigem Netz
nichts geht mehr völlig
unauslöschbar

Miniversion

Hilfe
wir haben die Welt
geschrumpft

das große Rund
ins kleine Rechteck

verstummt beim Suchen
in Handinnenflächen

vereinsamt
in Visualisierungen
des Scheins

halt handlich
die Miniversion

Ich hab` am Küchentisch geweint *

unsere Kinder lagen
mit ausgebreiteten Armen am Strand
das Gesicht lachend zur Sonne
Sand zwischen den Zehen

schnell schnell
spenden
Essen verteilen
der Winter vor der Tür
Regen dringt durch Zelte

schnell schnell
Demos gegen Hasspack
Türen im bröckeligen Haus Europa
einrennen

und ich?
Ich hab` am Küchentisch geweint

*Reaktion auf ein Foto, das um die Welt ging:
  der kleine Aylan, der tot angeschwemmt am Strand lag

ich ergreife Partei

nicht gegen
die Trumps oder Putins
die Assads oder Rebellen
die Rechten oder Linken
die Schreier und Lügner dieser Welt

sondern
einzig und eindeutig *für*
ein Durchbrechen der Gewaltspirale
einen sofortigen Stopp jeden Waffeneinsatzes
jeder Waffenlieferung

ich ergreife Partei
für alle
die die Gabe der Worte und die Offenheit des Herzens nutzen
um den Bombardierern jedweder Couleur
das Handwerk zu legen

Ballade Amerika

Nachkriegskind
hineingeboren in Täter-Trümmer-Kulissen
zu groß gewordene lange graue Mäntel an heimkehrenden Vätern
während mit der Chewing Gum Charme Offensive
von Soldatenboys
eine neue Zeit begann

Coca Cola AFN Elvis
meine ersten englischen Vokabeln
im Petticoat Rock`n Roll tanzend
später mit Jeans als Basic
meine Jahre bis heute überdauernd

glitt ich aus den happy sunshine Strahlen
vom Land der unbegrenzten Möglichkeiten
in einen immerwährenden Atlantik überwerfenden Schatten
unterbrochen von Lichtgestalten wie
Martin Luther King
und vermeintlichen wie Kennedy und Marilyn
die hinter Marihuana und LSD Schwaden überwechselten
in Janis und Bob
bis fast unmerklich zu dem Cowboy
der Präsident wurde
in diesem gelobten Land

aus den boys der 40er entstanden Kriegersöhne

Vietnam
Irak
Afghanistan

heimgekehrt – wenn überhaupt – als traumatisierte Krüppel
während wir in Europa bei Sitzblockaden
gegen Napalm und Pershings
unsere Hintern platt und alt werden ließen

noch einmal blitzte es hell über den Atlantik
als wir alle Amerikaner wurden
in den Staubwolken der einstürzenden Türme
und der schwarze Obama das Wort hope in die Welt setzte
aus diesem unglaublichen Amerika

bis es eingemauert
mit Hilfe eines twitternden Egomanen
im großen Teich zu versinken droht

Rabenkrähenähnlich

eingemauert
in dunklem Stoff
Augen zwischen schwarzen Schlitzen
Frau als Besitz
Geschenkpaket

und doch Schwester

entblößt
in der Verhüllung der Anderen
friere ich mich fremd

man muss es nur erkennen

jeden Tag
wenn alles noch so beschissen
das kleine Glückserlebnis
heute
als das erste Rotkehlchen plötzlich
am verwaisten Futterhaus auftauchte

ein winziger Moment
hat nicht gereicht für handyfoto
gespeichert in Kopf und Herz
ausreichend für diesen Tag

nur – in Aleppo gibt es keine Rotkehlchen

der Wolf ist mir näher

selbst wenn er mich beißt
und zerreißt
und frisst

als der Mensch – Unmensch
fremd unter schwarzer Flagge
den Mitmenschen
köpfend
in die Luft sprengend
niedermähend in voller Fahrt
im falschen Namen eines Allahs

der sich die göttlichen Haare rauft
und uns Wölfe schickt
zum Trösten

Überlebenstraining
oder wie sonst

erfreue mich am Rot des Mohns
dem Gelb der Forsythien
am Leuchten der Sonnenstrahlen
und dem Prasseln der Regentropfen

wie sonst
könnte ich den täglichen Weltenkummer
überleben

wie sonst

in einer Blüte spiegelt sich die Welt

_____

Cosmea

in einer Blüte
spiegelt sich die Welt
in Farbe und Form
Schönheit und Zerfall

Kommen und Gehen
der schreckliche Kreislauf

tröstliche Cosmea
in ihrer Einzigartigkeit

Muße

das Eszet ist uns verloren gegangen
muss
gilt als Ersatz
müssen ist die Devise

einfach
auf einer Bank sitzen
die Vögel zwitschern hören
und den lieben Gott
einen guten Mann sein lassen

...tschuldigung
da kommt gerade die nächste sms rein ...

eine Bank im Garten

schauen
hören
riechen
nachdenken
erinnern
abschalten
loslassen
träumen
kleines Paradies

kleine Meisen

schwirrend und zwitschernd
quirlend und quitschernd
sie treffen sich im
Kirschenbaum
sind so süß wie die Früchte
und können dazu
noch fliegen

kleine Meisen

Stille

Dröhnen Rauschen Quietschen
Knattern Quatschen Ratschen
Röhren Schreien Brüllen
Quäken Sägen Trompäten

laut
Lärm
lästig

leise ist schön
Stille ist Luxus
meist unerreichbar

Bella Rosa

habe einen Rosenstock gekauft
habe einen Rosenstock gepflanzt
habe einen Rosenstock gegossen
habe einen Rosenstock geschnitten
habe einen Rosenstock geliebt
trotzdem ist er nicht meiner

Bella Rosa

Rost

Vergangenes
aufgedraut
aufgedröhnt
bröselig kantig zerfressen
Wiedergeburt
zum Abblättern schön

abgebogen

in der Fülle keinen Sinn mehr erkannt
in der Kompliziertheit sich verloren
im Lärm abgetaucht
hastend in der Geschwindigkeit

abgebogen
an einer Wegkreuzung
Einfachheit als Richtung gesehen
im Einzelnen das Ganze gespiegelt
in der Langsamkeit eine Zeitform entdeckt

in der Stille das Paradies gefunden

nachts blättert es sich auf

nachts

blättert es sich auf
das Buch der Vergangenheit
Seiten werden aufgebläht
verblasste Schrift
plötzlich fett unterstrichen
ungeliebte Farben
werfen lange Schatten

erst gen Morgen
beim Vogelgezwitscher
wenn das Dunkel sich lichtet
schließt es sich wieder
und lässt mich sein
sicher
im Jetzt

gefangen in der Dunkelheit

geblendet vom Sternengeglitzer
gerüttelt durch Purzelbaum schlagende Satzfetzen
schlaflos in einer Vollmondnacht

Nachtgeister

zu nächtlicher Stunde
lauernd in dunklem Gebüsch
zum Sprung bereit
auf mühsam erbautes Tagesgerüst

schwarze Nacht
zerrissen
von klirrend weißem Geflatter

beim ersten Hahnenschrei
Kontraste verwischt
im milden Tagesgrau
angebrochene Streben
noch tauglich
zum Besteigen

es gilt
festhalten
bis sie wiederkommen
die

Nachtgeister

Herbst
oder Sterntalerblätter

Sterntalern gleich segeln die Blätter vom Baum
gestern noch grün gelb und rot
verlassen sie wohlvertrauten Raum
bringen die Natur in ihr Lot

Sterntalermädchen fängt sie auf
will sie retten und hegen
doch das Leben nimmt seinen Lauf
immer dem Tod entgegen

an Sterntalerblättern sich erfreuen zur Lebenszeit
nur das können wir tun
dann sind wir irgendwann bereit
um in Frieden zu ruhn

eine von tausend Herbstgeschichten

mit lauten Rufen
sind Kraniche übers Haus
Richtung Süden
geflogen

kleine Spielzeugflieger
malten ihre Streifen an den Himmel
der mit klarem Oktoberblau
die Sicht in unendliche Weiten
eröffnete

ein mir unbekanntes Fernweh
ließ mich in der Wärme des Hauses
der Geborgenheit des Bleibens überlassen
zurück

auch Herbst

verzauberte
Alternative zu
Halloween-Horror und
Reformations-Allerheiligen-Seelen-Tristesse
weit ab von geschürten Ängsten
nah bei Frieden

gestorben bin ich aus mir selbst gegangen

---

gestorben

bin ich aus mir selbst gegangen
wohin nur
und in welchem Kleid

es war ein Traum
nicht nur den Raum verlassend
auch die Zeit
stellt ich mir Welten vor

ich hab`s geschafft nicht
bis zum Tor

noch reicht der Kopf kaum
für danach
so bleib ich halt
und mach gemach
gemach

vielleicht

es fällt schwer
dem Tod
ein Quäntchen Gutes
abzuringen

doch vielleicht
ist er das Tor
in eine unvergleichliche
wohltuend schmerzfreie
Stille

Konjunktive

selbst
wenn er mich jetzt holen würde
der Tod
ich müsste sagen
ok
Leben gelebt

selbst
wenn er mich jetzt holen würde
der Tod
ich könnte nicht sagen
zu früh
im Angesicht des Sterbens
auf der Welt

doch
wenn er mir noch Zeit ließe
der Tod
ich würde es nutzen
das Leben

Novembernebel

taucht alles in
undurchdringliches Grau
um die Farben des Lebens
daraus überdeutlich
wachsen zu lassen

wird er so sein
der Tod
dass nach der Fahrt durch den Tunnel
das helle Licht des Ausgangs
erst die wirklichen Farben
entstehen lässt

oder endet der Nebel
im Nichts
des Lichtscheins

heiterer Himmel

lange
läuft es gut
bis plötzlich
wie aus heiterem Himmel
dem ach so heiteren
der Hammer fällt

und die Welt wandelt sich
vom saftigen Giftgrün mit den roten Mohnblumenpunkten
in eine braunbratschige
brodelnd beißende Brühe

aus dem ach so heiteren Himmel
dem mit den strahlenden Sternen
platsch
fällt der Hammer

Spritzer erschlagen dich

Friedwaldbaum

die Hände
an der glatten Rinde
des Baumes
dessen hoher Stamm
umgeben von anderen
Richtung Himmel strebt
die Wurzeln unter Blättern und Moos

die Hände
fühlten sich gut
nicht weit lief ein Reh

trotzdem Weihnachten

trotzdem Weihnachten

aufgewühlt von den täglichen Bildern in der Endlosschleife
hilflos beim Sterben zuschauend

hoffe ich
auf weiße Fahnen
zwischen eingestürzten Mauern
auf ein Ende des Kämpfens ums Verrecken

sehne ich
leisen Schneefall herbei
Glockenklang statt Kriegsgetöse
die friedliche Melodie einer Stillen Nacht

entzünde ich
Kerzen am Baum
überlasse das Leuchten nicht
den Bomben und Maschinengewehren
feiere ein Fest
innehaltend am übernommenen Ritual

wie dunkel wäre es erst
ohne trotzdem

Weihnachten reimt sich auf Wünschen

Markt und Straßen
bewacht von Polizisten
Süßer die Glocken
untermalt vom Dröhnen der Martinshörner
Alle Jahre wieder
bitte nicht

Terror reimt sich auf Krieg
Krieg auf Terror
Terror auf Krieg...

Weihnachten reimt sich auf Wünschen

Wünschen auf Innehalten und Nachdenken
Nachdenken auf
Waffenverkauf
Profitgier
Ungleichheiten überall

Weihnachtsmänner
aller Herren-Länder
einigt euch

Weihnachten

ob du glaubst
oder nicht
oder ein bisschen

so ganz kommt keiner dran vorbei
am Plätzchenduft
und Kerzenschimmer
an dieser alten Geschichte
von Ankommen
und Geborgenheit

warum nicht?
feiern
einmal im Jahr
das Kind Gottes
in jedem von uns

Weihnachtsgeschenk aus vergangenen Zeiten

Es ist nicht groß,
aber auch nicht sehr klein,
man kann es nicht kaufen,
und es ist nichts zum Saufen.
Du kannst es zwar lesen,
doch es ist kein Buch,
auch ist es kein After Shave oder ein andrer Geruch.
Es ist nichts zum Rauchen,
es macht auch nicht fett,
es liegt weder unter`m Baum,
noch findest du`s im Bett.
Es hat kaum was gekostet,
doch es hätt` teuer werden können,
es steht auf keiner der Hitlisten im Rennen.
Ich kann`s nicht verpacken
und du kannst es nicht knacken,
es ist kein gestrickter Pullover von mir,
keine Angst, auch kein weiteres Katzentier!
Weder Sekt, noch Selters, noch Seife, noch Socken,
keine Klassik, kein Jazz, auch nichts zum Rocken.
Es macht dich nicht reich
und die Welt macht`s nicht arm,
gefährlich in der Entstehung, darin liegt wohl sein Charme.
Es ist etwas ganz Persönliches für dich,
doch jeder wird sich dran freuen – hoffe ich!

Als Weihnachtsmann verkleidet, bei minus fünf Grad,
keiner sollte mich erkennen, um die Ecke stand mein Rad.
Eine Autobahnunterführung,
die triste Wand, das ist der Platz,
dort ist es geschehen, für dich, mein Schatz!
Mut hat`s gekostet, Überwindung auch,
dafür hatt` ich ein geiles Kribbeln im Bauch!

Mit Sprühfarbe,
der umweltfreundlichen, zum Weihnachtspreis,
hab ich`s gemacht – echt, ohne Scheiß!

Gesprüht in Lettern, die so groß sind wie ich:

HALLO KARL, FROHE WEIHNACHTEN!

freust du dich?

ein neues Heft

ganz leise
halte ich inne
an der längsten Sekunde des Jahres

umblättern
auf neues Weiß
kleckslos

krakelige Schrift zurücklassend
falsche Interpunktion
gespickt mit Rechtschreibfehlern
und frei gebliebenen
halben Seiten

Sektkorkenknall

schier endlos
erscheinen leere Linien
als Raster

rasend schnell

schoss dieses neue Jahr
auf uns zu

die Raketen aus der Box
noch in der Luft
verhallend
mit Wünschen an die Geister
die vertriebenen

sprang es an uns hoch
klammernd
sog es sich fest
ohne die Chance eines Verbleibens
im alten

wir im Unklaren
über die Tiefen
und Höhen
die möglichen

schaute es lauernd
aus dem Nebel
langsam auf die neue Jahreszahl
sich einpendelnd

lass gut sein

---

lass gut sein

kennst du auch dieses
könntgradkotzen-Gefühl
wenn alle Welt sich querstellt
und es Bäume vom Himmel regnet

ruhig bleiben
abwarten
Tee trinken
ausatmen
scheißderhunddrauf
könntnochschlimmersein

alles wird gut
und schönen Tach auch

schlitzekram
oder hart aber herzlich

anstatt
Frauen
auf Augenschlitz
reduziert

besser
hyperschwanzgesteuerten Männern
Hosenschlitz
zugenäht

niemals

käme mir
fickende fische
über die lippen
niemals

aber
vrögelnde frösche?

geht doch!

Ostern alternativ

besser spät als nie
sagt der Hase
und bringt
die Eier
im Känguruhüpf
dorthin
wo sie sonst nie landen

is was?

ich dachte immer
zu sagen
was ist
das ist es

doch mit der Zeit
merkte ich
das was ist
ist nicht immer
was es ist

es gibt viele
was ist

und immer mehr
is was?

Vogelgezwitscher vertreibt Nachtgeister

Vogelgezwitscher

vertreibt
Nachtgeister

Schwarz verblasst
in den hellen Tönen
weißen Fäden gleich
im dunklen Haar

jeden Morgen
neu
fremde Sprache
vertraut
schmerzlich schön

Ouvertüre
für einen Tag

Lächeln üben

in dunklen Zeiten
wenn Schatten
über das Gesicht ziehen
die Haut spannt
und der Mund schmäler wird

Lächeln üben
in schweren Zeiten
wenn das Lachen im Hals steckenbleibt
und die Gefahr des Totlachens heraufzieht

Übung macht den Meister

auf einer Anhöhe
unter grauer
Wolkendecke
sehe ich ein Dorf
in der Ferne
erleuchtet
von einem einzigen
Sonnenstrahl
und verstehe
was gemeint ist mit

Hoffnung

gleichzeitig

während ich
in das dichte dunkle Gestrüpp des Waldes schaue
fliegt ein Vogel
mit lautem Flügelschlag
aus den Baumwipfeln ins Licht

während der Bach sich leise plätschernd
durch das enge Tal schlängelt
ruft ein Vogel
seinen Namen
immer und immer wieder

der Kuckuck stirbt nicht aus
niemals

manchmal

switch ich mir das Meer herbei
viele Farben graublauschwarz
hinter dem quirligen Weiß
der Schaumkronen

seh`die Delphine springen
Lebensfreude pur
bei abgrundiger Tiefe
unter Glitzersonnenlicht

die Horizontweite
unendlich wie das All
und die klatschenden Wellen
gegen die Schiffswand
einziger Halt
im Gewoge

manchmal
switch ich mir das Meer herbei

Zuversicht

aufgestöbert
in der Mottenkiste
der Begriffe

zuerst fremd
durchgeschüttelt
entstaubt

mehr als nur ein schönes Wort
hilfreiche Begleiterin
in schwierigen Zeiten

Zuversicht

Karoline von Günderrode

hätte sie ihn gekannt
diesen Ort
hoch über einer Rheinkurve

die Bank unter der Kastanie
Weinberge zu Füßen

der Blick so weit
über die Hügel
und den mächtigen Fluss

Erde wäre ihr Heimat geworden
an diesem Ort
hoch über einer Rheinkurve

ein fedrig weißer Tag

an dem das Blau des Himmels
mit dem Grau des Flusses
harmoniert

fedrig weiß
das Empfinden der Leichtigkeit
in den Gesprächen
und den Blicken ins Tal

über die Höhen hinweg
nur eins

Freude

Sonnenschein

Mondesleuchten
Sternenglitzern
Erdengrün
Meeresblau
Wolkenweiß

die Steine auf meinem Weg
sind eingebettet
in dieses Szenarium

danke lieber Gott für die Kulisse

Haiku

Mohnblumen blühen
Rot im grünen Weizenfeld
Momente des Glücks

Inhalt

Zur Autorin

Hanne Strack wurde 1948 in Wetzlar geboren und lebt seit vielen Jahren in Rüsselsheim. Sie ist verheiratet, hat eine Tochter. Von Beruf ist sie Sonderpädagogin und Yogalehrerin, jetzt im Ruhestand.

Veröffentlichungen:
- Gedichte in Literaturzeitschrift „aktuell" (3/2011)
- Gedichte in den Lyrikbänden des Literaturpodiums „Abendsegel", „Nordlandwinter" und „Schattenspiel der Berge"
- Abdrucke von Gedichten im Leserforum der „Frankfurter Rundschau"

Kontakt: hannestrack@gmx.de

Seltenes spüren

Gedichte

**Ulrich Grasnick, Elisabeth Hackel, Günter Kunert,
Marko Ferst, Dorothee Arndt, Charlotte Grasnick u.v.a.**

268 Seiten, Edition Zeitsprung, 2014

Erleben Sie den Inkafrühling in Peru. Versunkenen ägyptischen Schätzen wird nachgespürt. Monets Garten lädt ein und dem Duft einer französischen Bäckerei folgt ein Gedicht. Der Berliner Dom spiegelt sich nicht mehr im Palast. Zahlreiche surreale Gedichte enthält der Band, vereinzelt auch gereimte. Ein Besuch bei Heine steht an, versteckt liegt sein Denkmal. Den Szenarien der Krieger geht ein Lyriker auf den Grund, von weidwundem Land berichtet ein Gedicht für die Erde. Letzte Bienenwagen kommen in den Blick, Ausflüge führen ins Känguruland. Die Sonnenpost läßt uns Entfernungen vergessen. Der vorliegende Band ist eine Gedichtsammlung des Köpenicker Lyrikseminars und der Lesebühne der Kulturen Adlershof. Gäste wurden eingeladen. Grafiken von Dorothee Arndt illustrieren den Band. Das Lyrikseminar existiert seit 1975 und publizierte bereits mehrere Anthologien.

Leseproben: www.umweltdebatte.de
Bestellung: marko@ferst.de (dt. Porto frei)

Jahre im September

Gedichte und Erzählungen

Marko Ferst

Edition Zeitsprung

Jahre im September

Gedichte und Erzählungen

Marko Ferst

212 Seiten, Edition Zeitsprung, 2017

Über Ostseeinseln wie Öland und Usedom streifen die Gedichte. Sie führen in die schwedische Schärenstadt sowie nach Buchara, Samarkand oder in den Ural. Magische Ausflüge in die Natur und Tierwelt tauchen auf. Gedichte zu Musik, Literatur und Malerei reichern diesen Lyrikband an. Unter die Lupe genommen wird der Drang der Regierenden, uns mehr und mehr auszuspionieren. Kritik zieht das gescheiterte Afghanistan-Abenteuer auf sich, das syrische Totenfeld wird umrissen. In Bangladesch zeichnen sich weitere Landnahmen des Meeres ab, Wasserstände, die mit unserem verschwenderischen Lebensstil im Norden verbunden sind. Sondiert wird, warum unsere Zivilisation ökologisch zu scheitern droht, sich längst im Spätstadium befindet. In der Arktis zeigt sich, wie weit das Vorspiel zum Klimaumsturz schon gediehen ist. Spitzbergen archiviert unsere letzten genetischen Hoffnungen. Den Spuren und Abgründen einer mysteriösen Krankheit wird nachgegangen. Der Band enthält zwei Erzählungen - eine arktische Begegnung zwischen weißen Raubtieren und einen Blick in das sowjetische Speziallager Sachsenhausen.
Leseproben: www.umweltdebatte.de Bestellung: marko@ferst.de

Schattenspiel der Berge

Gedichte

**Helmut Glatz, Martin Westenberger,
Manfred Burba u.v.a.**

344 Seiten, 2017

Der Band streift durch Wörterwälder, der Brocken wird bestiegen, eine Schwarzwaldwanderung kommt in den Blick. Kirschblüten leuchten im Sonnenlicht. Was erzählt uns der Gesang der Wale – eine überraschende Antwort gibt es darauf. Eine Flaschenpost ist auf dem Weg. Vom Kinderkreuzzug wird berichtet, niemand kehrt zurück. Die Gewaltorgie, die der türkische Präsident in seinem Land veranstaltet, gerät in scharfe Kritik. Die planerischen Meisterleistungen für den Berliner Flughafen werden mit stillem Spott bedacht. Warum wohnt man im Hamburg, was macht die Stadt liebenswert? Die eigentümliche Form der Schollen führt zu Gedankenspielen. Kennen Sie schon den Yamdrock-See in Tibet? Das Mozartmeer rauscht im Ton zivilisatorischer Abgründe. Berichte von der Walpurgisnacht sind zu erwarten. Und immer wieder ziehen Gedichte durch Berglandschaften. Das ist ein Schwerpunkt dieses Bandes.

Leseproben, Inhaltsverzeichnis: www.literaturpodium.de

Aktuelle Bücher

Alfred J. Signer, Helmut Glatz, Volker Teodorczyk u.v.a.
Im falschen Abteil. Gedichte (380 Seiten)
Peter Frank, Hans Sonntag, Manfred Burba, Heiko M. Kosow u.v.a.
Frühjahr im Schnee. Gedichte (308 Seiten)
Kurt Bott, Barbara Gregor, Peter Frank u.v.a.
Nordlandwinter. Gedichte (296 Seiten)
Elisabeth Gehring, Bruno Rauch, Carsten Rathgeber u.v.a.
Auf der Halbinsel. Rote Erzählungen und Gedichte (420 Seiten)
Peter Frank, Hanna Fleiss, Manfred Burba, Peter Lechler u.v.a.
Abendsegel. Gedichte (304 Seiten)
Manfred Burba, Michael Starcke, Norbert Rheindorf u.v.a.
Vom Duft der Wüste. Gedichte (284 Seiten)
Andreas Erdmann, Marko.Ferst, Monika Jarju u.v.a.
Die Ostroute. Erzählungen (256 Seiten)
Norbert Rheindorf, Hanna Fleiss, Günther Bach u.v.a.
Sommer im Norden. Gedichte (256 Seiten)
Manfred Burba
Die Windrichtung ändern. Gedichte (188 Seiten)
Marko Ferst
Republik der Falschspieler. Gedichte (172 Seiten, Engelsdorfer Verlag)
Martin Westenberger
Anmerkungen zum Sonnenstand. Gedichte (100 Seiten)
Catherine Santur, Esther Redolfi, Peter Frank u.v.a.
Vom Mut der Anderen. Erzählungen, Gedichte und Essays über Menschenrechte (316 Seiten)
Esther Redolfi, Michaela Bindernagel, Catherine Santur
Die Regensammlerin. Erzählungen, Gedichte und Essays: Ökologie, Naturlandschaften und Zukunft (256 Seiten)
Lena Kelm
Manchmal dauert ein Weg ein Leben lang. Vom Gulag nach Berlin (248 Seiten)
Peter Frank, Gudrun Baruschka, Peter Lechler u.v.a.
Helle Herbstlichter. Erzählungen und Gedichte (440 Seiten)
Karin Posth, Benjamin Frech, Klaus Kayser, Peter Frank u.v.a.
Meere, Flüsse, Seen. Erzählungen und Gedichte (415 Seiten)
Mio Mandel, Christine Zeides, Magnus Tautz, Manfred Burba u.v.a.
Sommerfrühstück. Erzählungen und Gedichte (436 Seiten)

Leseproben: www.literaturpodium.de
Bestellung: wettbewerb@literaturpodium.de